LOS HERBÍVOROS
John Willis
EYEDISCOVER

Ve a www.eyediscover.com e ingresa el código único de este libro.

CÓDIGO DEL LIBRO

AVD98986

EYEDISCOVER te trae libros mejorados por multimedia que apoyan el aprendizaje activo.

Published by AV2
276 5th Avenue, Suite 704 #917
New York, NY 10001
Website: www.eyediscover.com

Library of Congress Control Number: 2020951981

ISBN 978-1-7911-3561-4 (hardcover)

Printed in Guangzhou, China
1 2 3 4 5 6 7 8 9 0 25 24 23 22 21

012021
102520

English Editor: Katie Gillespie
Spanish Editor: Ana María Vidal
Designer: Mandy Christiansen
Spanish/English Translator: Translation Services USA

The publisher acknowledges Alamy, Getty, iStock, and Minden Pictures as the primary image suppliers for this title.

EYEDISCOVER proporciona contenido enriquecido, optimizado para el uso en tabletas, que complementa este libro. Los libros de EYEDISCOVER se esfuerzan por crear un aprendizaje inspirado e involucrar a las mentes jóvenes en una experiencia de aprendizaje total.

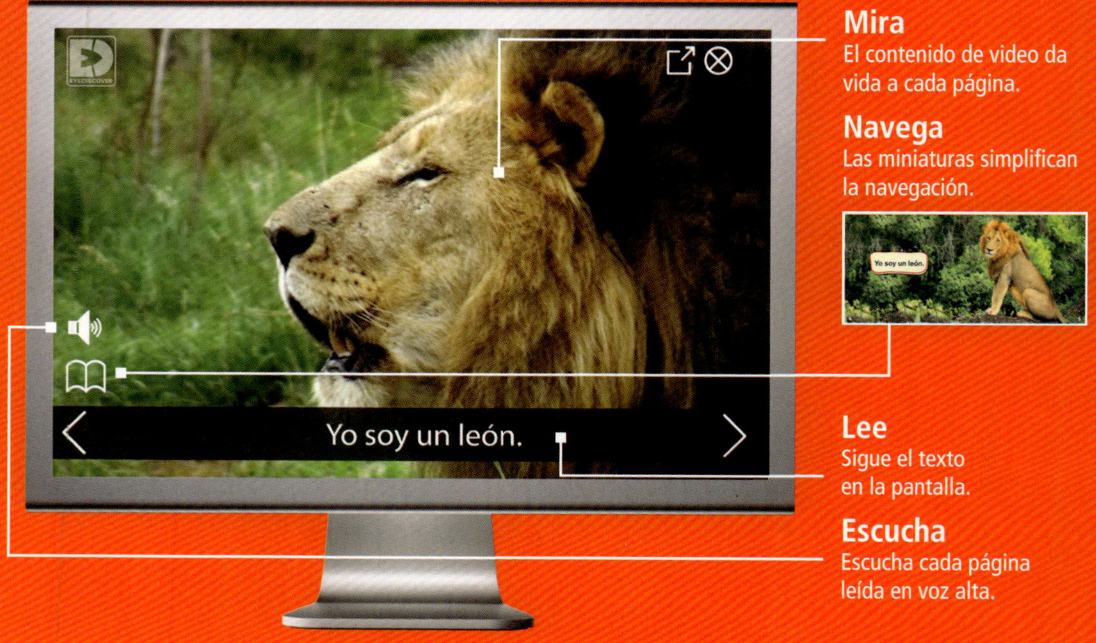

Mira
El contenido de video da vida a cada página.

Navega
Las miniaturas simplifican la navegación.

Lee
Sigue el texto en la pantalla.

Escucha
Escucha cada página leída en voz alta.

Tu EYEDISCOVER con Seguimiento de Lectura Óptico cobra vida con...

Audio
Escucha todo el libro leído en voz alta.

Video
Los videos de alta resolución convierten cada hoja en un seguimiento de lectura óptico.

OPTIMIZADO PARA

- TABLETAS
- PIZARRAS ELECTRÓNICAS
- COMPUTADORES
- ¡Y MUCHO MÁS!

LOS HERBÍVOROS

En este libro aprenderás

- **qué son**
- **cómo son**
- **qué comen**

¡y mucho más!

Los ciervos son animales que solo comen plantas. Esto quiere decir que son herbívoros.

Los herbívoros pueden ser pequeños. Hay muchos tipos de hormigas que comen plantas.

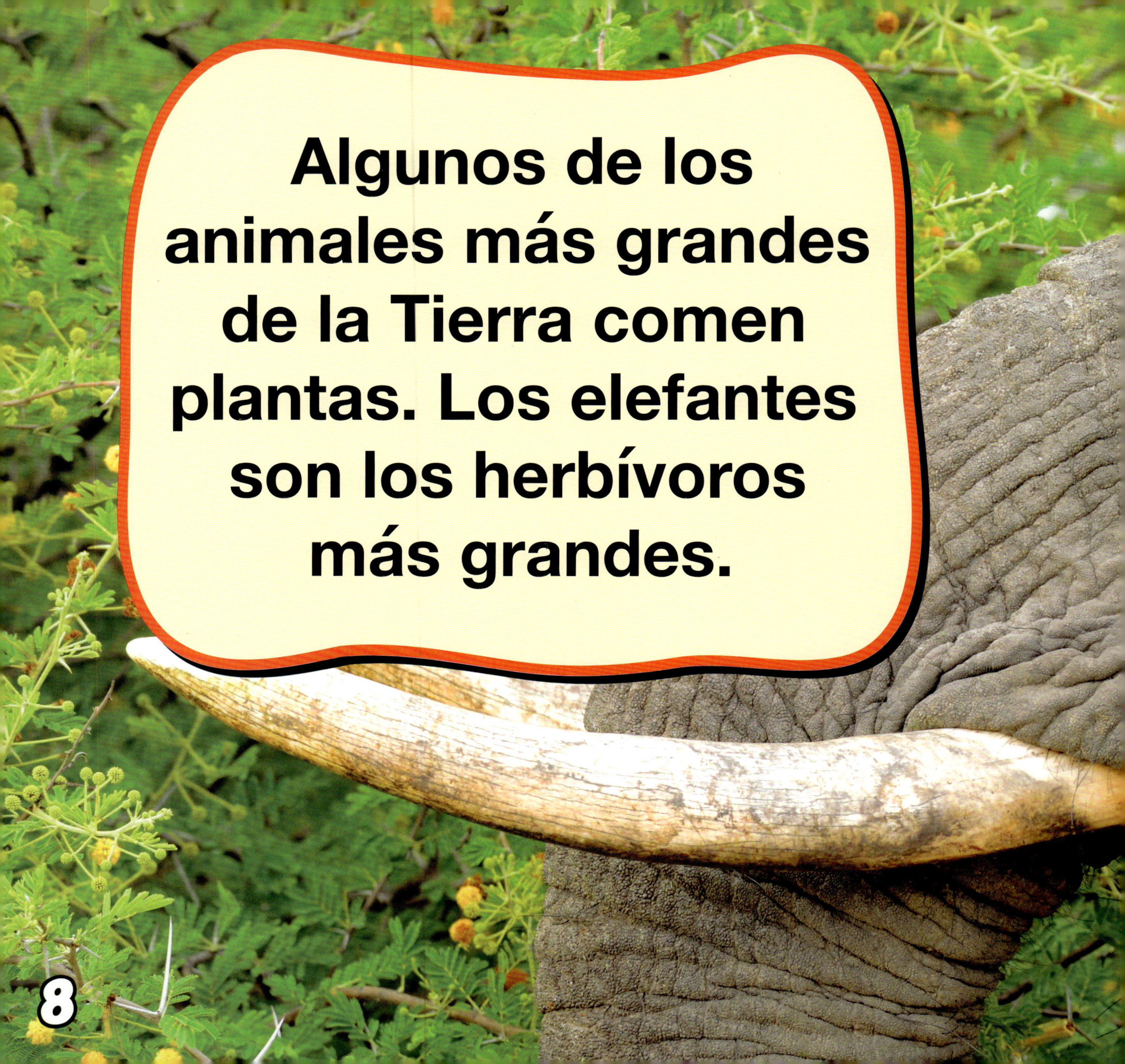

Algunos de los animales más grandes de la Tierra comen plantas. Los elefantes son los herbívoros más grandes.

LOS HERBÍVOROS EN NÚMEROS

El **cuello** de la jirafa mide unos **6 pies** (1,8 metros) de largo.

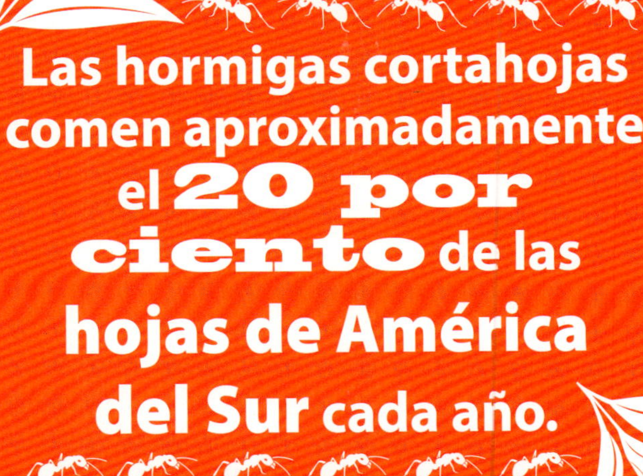

Las hormigas cortahojas comen aproximadamente el **20 por ciento** de las hojas de América del Sur cada año.

El **elefante** puede pasar hasta **18 horas por día** comiendo.

Los koalas comen **2,2** libras (1 kilogramo) de hojas por día

El **estómago** de la cabra tiene CUATRO **cámaras** diferentes.

Las **iguanas marinas** son **los únicos** lagartos que pasan la **mayor parte** del tiempo en el **océano.**

Mira
El contenido de video da vida a cada página.

Navega
Las miniaturas simplifican la navegación.

Lee
Sigue el texto en la pantalla.

Escucha
Escucha cada página leída en voz alta.

Ve a www.eyediscover.com e ingresa el código único de este libro.

CÓDIGO DEL LIBRO

AVD98986